(وَ رَتِّلِ الْقُرْآنَ تَرْتِيلًا)

Et récite le Coran, lentement et clairement .
(AL-MOZZAMMIL :4)

Ce Carnet d'Apprentissage Appartient à :

_____

_____

Date : ....

بسم الله الرحمن الرحيم

❧ Verset ~ El ayah ❧

Juz : ....

Surah : ....

N du Verset : ....

Progrés

Étudié ☐

Mémorisé ☐

Révisé ☐

Verset :

....
....
....
....
....
....
....
....

Contexte (Tafsir) :

....
....
....
....
....
....
....
....
....

Source :

....
....
....

Application :

....
....
....
....
....
....
....
....
....
....
....
....
....
....

Remarques :

....
....
....
....
....
....
....
....
....
....
....
....
....

Mots et signification :

....
....
....
....
....
....
....
....
....
....
....
....
....
....
....
....
....
....
....
....
....
....
....
....
....
....
....
....

Date : ....

بسم الله الرحمن الرحيم

❦ Verset ~ El ayah ❧

Juz : ....

Surah : ....

N du Verset : ....

Progrés

Étudié ☐

Mémorisé ☐

Révisé ☐

Verset :

....
....
....
....
....
....
....
....

Contexte (Tafsir) :

....
....
....
....
....
....
....
....
....
....

Source :

....
....
....

Application :

....
....
....
....
....
....
....
....
....
....
....
....
....

Remarques :

....
....
....
....
....
....
....
....
....
....
....
....
....
....

Mots et signification :

....
....
....
....
....
....
....
....
....
....
....
....
....
....
....
....
....
....
....
....
....
....
....
....
....
....
....

Date : ....

بسم الله الرحمن الرحيم

❦ *Verset ~ El ayah* ❧

Juz : ....

Surah : ....

N du Verset : ....

Progrés

Étudié ☐

Mémorisé ☐

Révisé ☐

Verset :

....

....

....

....

....

....

....

....

Contexte (Tafsir) :

....

....

....

....

....

....

....

....

....

....

Source :

....

....

....

Application :

....
....
....
....
....
....
....
....
....
....
....
....
....

Remarques :

....
....
....
....
....
....
....
....
....
....
....
....
....

Mots et signification :

....
....
....
....
....
....
....
....
....
....
....
....
....
....
....
....
....
....
....
....
....
....
....
....
....
....

Date : ....

بسم الله الرحمن الرحيم

❦ *Verset ~ El ayah* ❦

Juz : ....

Surah : ....

N du Verset : ....

Progrés

Étudié ☐

Mémorisé ☐

Révisé ☐

Verset :

....
....
....
....
....
....
....
....

Contexte (Tafsir) :

....
....
....
....
....
....
....
....
....
....

Source :

....
....
....

Application :

....
....
....
....
....
....
....
....
....
....
....
....
....
....

Remarques :

....
....
....
....
....
....
....
....
....
....
....
....
....
....
....
....

Mots et signification :

....
....
....
....
....
....
....
....
....
....
....
....
....
....
....
....
....
....
....
....
....
....
....
....
....
....
....
....
....
....
....

Date : ....

بسم الله الرحمن الرحيم

Verset ~ El ayah Juz : .... Surah : .... N du Verset :	**Progrés** Étudié ☐ Mémorisé ☐ Révisé ☐

Verset :
....
....
....
....
....
....
....
....

Contexte (Tafsir) :
....
....
....
....
....
....
....
....
....
....

Source :
....
....
....

Application :

....
....
....
....
....
....
....
....
....
....
....
....
....
....
....
....

Remarques :

....
....
....
....
....
....
....
....
....
....
....
....
....
....
....

Mots et signification :

....
....
....
....
....
....
....
....
....
....
....
....
....
....
....
....
....
....
....
....
....
....
....
....
....
....
....
....
....
....
....

Date : ....

بسم الله الرحمن الرحيم

❧ Verset ~ El ayah ❧

Juz : ....

Surah : ....

N du Verset : ....

Progrés

Étudié ☐

Mémorisé ☐

Révisé ☐

Verset :

....
....
....
....
....
....
....
....

Contexte (Tafsir) :

....
....
....
....
....
....
....
....
....
....

Source :

....
....
....

Application :

....
....
....
....
....
....
....
....
....
....
....
....
....
....

Mots et signification :

....
....
....
....
....
....
....
....
....
....
....
....
....
....
....
....
....
....
....
....
....
....
....

Remarques :

....
....
....
....
....
....
....
....
....
....
....
....
....
....

Date : ....

بسم الله الرحمن الرحيم

❁ Verset ~ El ayah ❁

Juz : ....

Surah : ....

N du Verset : ....

Progrés

Étudié ☐

Mémorisé ☐

Révisé ☐

Verset :

....
....
....
....
....
....
....
....

Contexte (Tafsir) :

....
....
....
....
....
....
....
....
....
....

Source :

....
....
....

Application :

....
....
....
....
....
....
....
....
....
....
....
....
....
....

Remarques :

....
....
....
....
....
....
....
....
....
....
....
....
....

Mots et signification :

....
....
....
....
....
....
....
....
....
....
....
....
....
....
....
....
....
....
....
....
....
....
....
....
....

Date : ....

بسم الله الرحمن الرحيم

❧ *Verset ~ El ayah* ☙

Juz : ....

Surah : ....

N du Verset : ....

Progrés

Étudié ☐

Mémorisé ☐

Révisé ☐

Verset :

....
....
....
....
....
....
....
....

Contexte (Tafsir) :

....
....
....
....
....
....
....
....
....

Source :

....
....
....

Application :

....
....
....
....
....
....
....
....
....
....
....
....
....
....

Mots et signification :

....
....
....
....
....
....
....
....
....
....
....
....
....
....
....
....
....
....
....
....
....
....

Remarques :

....
....
....
....
....
....
....
....
....
....
....
....
....
....

Date : ....

بسم الله الرحمن الرحيم

❧ Verset ~ El ayah ❧

Juz : ....

Surah : ....

N du Verset : ....

Progrés

Étudié ☐

Mémorisé ☐

Révisé ☐

Verset :

....
....
....
....
....
....
....
....

Contexte (Tafsir) :

....
....
....
....
....
....
....
....
....
....

Source :

....
....
....

Application :

....
....
....
....
....
....
....
....
....
....
....
....
....
....

Remarques :

....
....
....
....
....
....
....
....
....
....
....
....
....
....

Mots et signification :

....
....
....
....
....
....
....
....
....
....
....
....
....
....
....
....
....
....
....
....
....
....
....
....
....
....
....
....

Date : ....

بسم الله الرحمن الرحيم

❦ *Verset ~ El ayah* ❧

Juz : ....

Surah : ....

N du Verset : ....

Progrés

Étudié ☐

Mémorisé ☐

Révisé ☐

Verset :

....
....
....
....
....
....
....
....

Contexte (Tafsir) :

....
....
....
....
....
....
....
....
....
....

Source :

....
....
....

Application :

....

....

....

....

....

....

....

....

....

....

....

....

....

....

Mots et signification :

....

....

....

....

....

....

....

....

....

....

....

....

....

....

....

....

....

....

....

....

....

....

....

....

Remarques :

....

....

....

....

....

....

....

....

....

....

....

....

....

....

Date : ....

بسم الله الرحمن الرحيم

❮ *Verset ~ El ayah* ❯

Juz : ....

Surah : ....

N du Verset : ....

Progrés

Étudié ☐

Mémorisé ☐

Révisé ☐

Verset :

....
....
....
....
....
....
....
....

Contexte (Tafsir) :

....
....
....
....
....
....
....
....
....
....

Source :

....
....
....

Application :

....
....
....
....
....
....
....
....
....
....
....
....
....

Remarques :

....
....
....
....
....
....
....
....
....
....
....
....
....

Mots et signification :

....
....
....
....
....
....
....
....
....
....
....
....
....
....
....
....
....
....
....
....
....
....
....
....
....
....
....

Date : ....

بسم الله الرحمن الرحيم

❃ *Verset ~ El ayah* ❃

Juz : ....

Surah : ....

N du Verset : ....

Progrés

Étudié ☐

Mémorisé ☐

Révisé ☐

Verset :

....
....
....
....
....
....
....
....

Contexte (Tafsir) :

....
....
....
....
....
....
....
....
....
....

Source :

....
....
....

Application :

....
....
....
....
....
....
....
....
....
....
....
....
....
....

Mots et signification :

....
....
....
....
....
....
....
....
....
....
....
....
....
....
....
....
....
....
....
....
....
....
....
....
....
....
....
....
....

Remarques :

....
....
....
....
....
....
....
....
....
....
....
....
....
....

Date : ....

بسم الله الرحمن الرحيم

❧ *Verset ~ El ayah* ❧

Juz : ....

Surah : ....

N du Verset : ....

Progrés

Étudié ☐

Mémorisé ☐

Révisé ☐

Verset :

....
....
....
....
....
....
....
....

Contexte (Tafsir) :

....
....
....
....
....
....
....
....
....
....

Source :

....
....
....

Application :

....
....
....
....
....
....
....
....
....
....
....
....
....
....
....
....

Remarques :

....
....
....
....
....
....
....
....
....
....
....
....
....
....
....
....

Mots et signification :

....
....
....
....
....
....
....
....
....
....
....
....
....
....
....
....
....
....
....
....
....
....
....
....
....
....
....
....
....
....
....
....
....

Date : ....

بسم الله الرحمن الرحيم

❴ *Verset ~ El ayah* ❵

Juz : ....

Surah : ....

N du Verset : ....

Progrés

Étudié ☐

Mémorisé ☐

Révisé ☐

Verset :

....
....
....
....
....
....
....
....

Contexte (Tafsir) :

....
....
....
....
....
....
....
....
....

Source :

....
....
....

Application :

....
....
....
....
....
....
....
....
....
....
....
....
....
....

Mots et signification :

....
....
....
....
....
....
....
....
....
....
....
....
....
....
....
....
....
....
....
....
....
....
....

Remarques :

....
....
....
....
....
....
....
....
....
....
....
....
....
....

Date : ....

بسم الله الرحمن الرحيم

❧ *Verset ~ El ayah* ❧

Juz : ....

Surah : ....

N du Verset : ....

Progrés

Étudié ☐

Mémorisé ☐

Révisé ☐

Verset :

....
....
....
....
....
....
....
....

Contexte (Tafsir) :

....
....
....
....
....
....
....
....
....

Source :

....
....
....

Application :

....
....
....
....
....
....
....
....
....
....
....
....
....
....
....

Mots et signification :

....
....
....
....
....
....
....
....
....
....
....
....
....
....
....
....
....
....
....
....
....
....
....

Remarques :

....
....
....
....
....
....
....
....
....
....
....
....
....
....

بسم الله الرحمن الرحيم

Date : ....

❧ *Verset ~ El ayah* ❧

Juz : ....

Surah : ....

N du Verset : ....

Progrés

Étudié ☐

Mémorisé ☐

Révisé ☐

Verset :
....
....
....
....
....
....
....
....

Contexte (Tafsir) :
....
....
....
....
....
....
....
....
....
....

Source :
....
....
....

Application :

....
....
....
....
....
....
....
....
....
....
....
....
....
....

Remarques :

....
....
....
....
....
....
....
....
....
....
....
....
....
....

Mots et signification :

....
....
....
....
....
....
....
....
....
....
....
....
....
....
....
....
....
....
....
....
....
....
....
....
....
....
....
....

بسم الله الرحمن الرحيم

Date : ....

❴ *Verset ~ El ayah* ❵

Juz : ....

Surah : ....

N du Verset : ....

Progrés

Étudié ☐

Mémorisé ☐

Révisé ☐

Verset :

....
....
....
....
....
....
....
....

Contexte (Tafsir) :

....
....
....
....
....
....
....
....
....
....

Source :

....
....
....

Application :

....
....
....
....
....
....
....
....
....
....
....
....
....
....
....

Remarques :

....
....
....
....
....
....
....
....
....
....
....
....
....
....
....

Mots et signification :

....
....
....
....
....
....
....
....
....
....
....
....
....
....
....
....
....
....
....
....
....
....
....
....

Date : ....

بسم الله الرحمن الرحيم

❧ *Verset ~ El ayah* ❧

Juz : ....

Surah : ....

N du Verset : ....

Progrés

Étudié ☐

Mémorisé ☐

Révisé ☐

Verset :

....
....
....
....
....
....
....
....

Contexte (Tafsir) :

....
....
....
....
....
....
....
....
....

Source :

....
....
....

Application :

....
....
....
....
....
....
....
....
....
....
....
....
....
....
....

Mots et signification :

....
....
....
....
....
....
....
....
....
....
....
....
....
....
....
....
....
....
....
....
....
....
....
....

Remarques :

....
....
....
....
....
....
....
....
....
....
....
....
....
....

Date : ....

بسم الله الرحمن الرحيم

❦ *Verset ~ El ayah* ❧

Juz : ....

Surah : ....

N du Verset : ....

Progrés

Étudié ☐

Mémorisé ☐

Révisé ☐

Verset :

....
....
....
....
....
....
....
....

Contexte (Tafsir) :

....
....
....
....
....
....
....
....
....
....

Source :

....
....
....

Application :

....
....
....
....
....
....
....
....
....
....
....
....
....
....

Remarques :

....
....
....
....
....
....
....
....
....
....
....
....
....
....

Mots et signification :

....
....
....
....
....
....
....
....
....
....
....
....
....
....
....
....
....
....
....
....
....
....
....
....
....
....
....
....
....

Date : ....

بسم الله الرحمن الرحيم

❧ *Verset ~ El ayah* ❧

Juz : ....

Surah : ....

N du Verset : ....

Progrés

Étudié ☐

Mémorisé ☐

Révisé ☐

Verset :

....
....
....
....
....
....
....
....

Contexte (Tafsir) :

....
....
....
....
....
....
....
....
....
....

Source :

....
....
....

Application :

....
....
....
....
....
....
....
....
....
....
....
....
....
....

Remarques :

....
....
....
....
....
....
....
....
....
....
....
....
....
....
....

Mots et signification :

....
....
....
....
....
....
....
....
....
....
....
....
....
....
....
....
....
....
....
....
....
....
....
....
....
....
....
....

Date : ....

بسم الله الرحمن الرحيم

❦ *Verset ~ El ayah* ❦

Juz : ....

Surah : ....

N du Verset : ....

Progrés

Étudié ☐

Mémorisé ☐

Révisé ☐

Verset :

....
....
....
....
....
....
....
....

Contexte (Tafsir) :

....
....
....
....
....
....
....
....
....

Source :

....
....
....

Application :

....
....
....
....
....
....
....
....
....
....
....
....
....
....
....

Remarques :

....
....
....
....
....
....
....
....
....
....
....
....
....
....

Mots et signification :

....
....
....
....
....
....
....
....
....
....
....
....
....
....
....
....
....
....
....
....
....
....
....
....
....
....
....
....

Date : ....

بسم الله الرحمن الرحيم

❧ *Verset ~ El ayah* ❧

Juz : ....

Surah : ....

N du Verset : ....

Progrés

Étudié ☐

Mémorisé ☐

Révisé ☐

Verset :

....
....
....
....
....
....
....
....

Contexte (Tafsir) :

....
....
....
....
....
....
....
....
....
....

Source :

....
....
....

Application :

....
....
....
....
....
....
....
....
....
....
....
....
....
....

Remarques :

....
....
....
....
....
....
....
....
....
....
....
....
....
....
....
....

Mots et signification :

....
....
....
....
....
....
....
....
....
....
....
....
....
....
....
....
....
....
....
....
....
....
....
....
....
....
....
....
....
....

Date : ....

بسم الله الرحمن الرحيم

❧ *Verset ~ El ayah* ❧

Juz : ....

Surah : ....

N du Verset : ....

Progrés

Étudié ☐

Mémorisé ☐

Révisé ☐

Verset :

....
....
....
....
....
....
....
....

Contexte (Tafsir) :

....
....
....
....
....
....
....
....
....
....

Source :

....
....
....

Application :

....
....
....
....
....
....
....
....
....
....
....
....
....
....

Mots et signification :

....
....
....
....
....
....
....
....
....
....
....
....
....
....
....
....
....
....
....
....
....
....
....
....
....
....

Remarques :

....
....
....
....
....
....
....
....
....
....
....
....
....

Date : ....

بسم الله الرحمن الرحيم

❦ *Verset ~ El ayah* ❧

Juz : ....

Surah : ....

N du Verset : ....

Progrés

Étudié ☐

Mémorisé ☐

Révisé ☐

Verset :

....
....
....
....
....
....
....
....

Contexte (Tafsir) :

....
....
....
....
....
....
....
....
....
....

Source :

....
....
....

Application :

....
....
....
....
....
....
....
....
....
....
....
....
....
....

Remarques :

....
....
....
....
....
....
....
....
....
....
....
....
....
....

Mots et signification :

....
....
....
....
....
....
....
....
....
....
....
....
....
....
....
....
....
....
....
....
....
....
....
....
....
....
....
....

Date : ....

بسم الله الرحمن الرحيم

❦ *Verset ~ El ayah* ❧

Juz : ....

Surah : ....

N du Verset : ....

Progrés

Étudié ☐

Mémorisé ☐

Révisé ☐

Verset :

....
....
....
....
....
....
....
....

Contexte (Tafsir) :

....
....
....
....
....
....
....
....
....
....

Source :

....
....
....

Application :

....
....
....
....
....
....
....
....
....
....
....
....
....
....
....

Remarques :

....
....
....
....
....
....
....
....
....
....
....
....
....
....
....

Mots et signification :

....
....
....
....
....
....
....
....
....
....
....
....
....
....
....
....
....
....
....
....
....
....
....
....
....
....
....
....
....
....
....

Date : ....

بسم الله الرحمن الرحيم

❧ Verset ~ El ayah ❧

Juz : ....

Surah : ....

N du Verset : ....

Progrés

Étudié ☐

Mémorisé ☐

Révisé ☐

Verset :

....
....
....
....
....
....
....
....

Contexte (Tafsir) :

....
....
....
....
....
....
....
....
....
....

Source :

....
....
....

Application :

....
....
....
....
....
....
....
....
....
....
....
....
....
....

Remarques :

....
....
....
....
....
....
....
....
....
....
....
....

Mots et signification :

....
....
....
....
....
....
....
....
....
....
....
....
....
....
....
....
....
....
....
....
....
....
....
....
....

Date : ....

بسم الله الرحمن الرحيم

❧ *Verset ~ El ayah* ❧

Juz : ....

Surah : ....

N du Verset : ....

Progrés

Étudié ☐

Mémorisé ☐

Révisé ☐

Verset :

....
....
....
....
....
....
....
....

Contexte (Tafsir) :

....
....
....
....
....
....
....
....
....

Source :

....
....
....

Application :

....
....
....
....
....
....
....
....
....
....
....
....
....
....

Remarques :

....
....
....
....
....
....
....
....
....
....
....
....
....
....
....

Mots et signification :

....
....
....
....
....
....
....
....
....
....
....
....
....
....
....
....
....
....
....
....
....
....
....
....
....
....
....
....
....

Date : ....

بسم الله الرحمن الرحيم

❈ *Verset ~ El ayah* ❈

Juz : ....

Surah : ....

N du Verset : ....

Progrés

Étudié ☐

Mémorisé ☐

Révisé ☐

Verset :

....
....
....
....
....
....
....
....

Contexte (Tafsir) :

....
....
....
....
....
....
....
....
....

Source :

....
....
....

Application :

....
....
....
....
....
....
....
....
....
....
....
....
....
....
....

Remarques :

....
....
....
....
....
....
....
....
....
....
....
....
....

Mots et signification :

....
....
....
....
....
....
....
....
....
....
....
....
....
....
....
....
....
....
....
....
....
....
....
....
....

Date : ....

بسم الله الرحمن الرحيم

❧ Verset ~ El ayah ❧

Juz : ....

Surah : ....

N du Verset : ....

Progrés

Étudié ☐

Mémorisé ☐

Révisé ☐

Verset :

....
....
....
....
....
....
....
....

Contexte (Tafsir) :

....
....
....
....
....
....
....
....
....

Source :

....
....
....

Application :

....
....
....
....
....
....
....
....
....
....
....
....
....
....

Remarques :

....
....
....
....
....
....
....
....
....
....
....
....
....

Mots et signification :

....
....
....
....
....
....
....
....
....
....
....
....
....
....
....
....
....
....
....
....
....
....
....
....
....
....
....

Date : ....

❈ *Verset ~ El ayah* ❈

Juz : ....

Surah : ....

N du Verset : ....

Progrés

Étudié ☐

Mémorisé ☐

Révisé ☐

Verset :

....
....
....
....
....
....
....
....

Contexte (Tafsir) :

....
....
....
....
....
....
....
....
....
....

Source :

....
....
....

Application :

....
....
....
....
....
....
....
....
....
....
....
....
....
....

Mots et signification :

....
....
....
....
....
....
....
....
....
....
....
....
....
....
....
....
....
....
....
....
....
....
....
....

Remarques :

....
....
....
....
....
....
....
....
....
....
....
....
....
....

بسم الله الرحمن الرحيم

Date : ....

❦ *Verset ~ El ayah* ❧
Juz : ....
Surah : ....
N du Verset : ....

Progrés

Étudié ☐

Mémorisé ☐

Révisé ☐

Verset :

....
....
....
....
....
....
....
....

Contexte (Tafsir) :

....
....
....
....
....
....
....
....
....
....

Source :

....
....
....

Application :

....
....
....
....
....
....
....
....
....
....
....
....
....
....

Remarques :

....
....
....
....
....
....
....
....
....
....
....
....
....
....
....

Mots et signification :

....
....
....
....
....
....
....
....
....
....
....
....
....
....
....
....
....
....
....
....
....
....
....
....

Date : ....

بسم الله الرحمن الرحيم

❧ *Verset ~ El ayah* ❧

Juz : ....

Surah : ....

N du Verset : ....

Progrés

Étudié ☐

Mémorisé ☐

Révisé ☐

Verset :

....
....
....
....
....
....
....
....

Contexte (Tafsir) :

....
....
....
....
....
....
....
....
....

Source :

....
....
....

Application :

....
....
....
....
....
....
....
....
....
....
....
....
....
....
....

Remarques :

....
....
....
....
....
....
....
....
....
....
....
....
....
....

Mots et signification :

....
....
....
....
....
....
....
....
....
....
....
....
....
....
....
....
....
....
....
....
....
....
....
....
....
....
....
....

Date : ....

بسم الله الرحمن الرحيم

❧ *Verset ~ El ayah* ❧

Juz : ....

Surah : ....

N du Verset : ....

Progrés

Étudié ☐

Mémorisé ☐

Révisé ☐

Verset :

....
....
....
....
....
....
....
....

Contexte (Tafsir) :

....
....
....
....
....
....
....
....
....

Source :

....
....
....

Application :

....
....
....
....
....
....
....
....
....
....
....
....
....
....
....

Remarques :

....
....
....
....
....
....
....
....
....
....
....
....
....
....

Mots et signification :

....
....
....
....
....
....
....
....
....
....
....
....
....
....
....
....
....
....
....
....
....
....
....
....
....
....
....
....
....

Date : ....

بسم الله الرحمن الرحيم

❦ *Verset ~ El ayah* ❧

Juz : ....

Surah : ....

N du Verset : ....

Progrés

Étudié ☐

Mémorisé ☐

Révisé ☐

Verset :

....
....
....
....
....
....
....
....

Contexte (Tafsir) :

....
....
....
....
....
....
....
....
....

Source :

....
....
....

Application :

....
....
....
....
....
....
....
....
....
....
....
....
....
....
....

Remarques :

....
....
....
....
....
....
....
....
....
....
....
....
....
....

Mots et signification :

....
....
....
....
....
....
....
....
....
....
....
....
....
....
....
....
....
....
....
....
....
....
....
....
....
....
....
....
....
....
....

Date : ....

بسم الله الرحمن الرحيم

❈ *Verset ~ El ayah* ❈

Juz : ....

Surah : ....

N du Verset : ....

Progrés

Étudié ☐

Mémorisé ☐

Révisé ☐

Verset :

....
....
....
....
....
....
....
....

Contexte (Tafsir) :

....
....
....
....
....
....
....
....
....
....

Source :

....
....
....

Application :

....
....
....
....
....
....
....
....
....
....
....
....
....
....
....

Remarques :

....
....
....
....
....
....
....
....
....
....
....
....
....
....

Mots et signification :

....
....
....
....
....
....
....
....
....
....
....
....
....
....
....
....
....
....
....
....
....
....
....
....

Date : ....

بسم الله الرحمن الرحيم

❦ *Verset ~ El ayah* ❧

Juz : ....

Surah : ....

N du Verset : ....

Progrés

Étudié ☐

Mémorisé ☐

Révisé ☐

Verset :

....
....
....
....
....
....
....
....

Contexte (Tafsir) :

....
....
....
....
....
....
....
....
....
....

Source :

....
....
....

Application :

....
....
....
....
....
....
....
....
....
....
....
....
....
....
....

Mots et signification :

....
....
....
....
....
....
....
....
....
....
....
....
....
....
....
....
....
....
....
....
....
....
....

Remarques :

....
....
....
....
....
....
....
....
....
....
....
....

Date : ....

بسم الله الرحمن الرحيم

❧ *Verset ~ El ayah* ❧

Juz : ....

Surah : ....

N du Verset : ....

Progrés

Étudié ☐

Mémorisé ☐

Révisé ☐

Verset :

....
....
....
....
....
....
....
....

Contexte (Tafsir) :

....
....
....
....
....
....
....
....
....
....

Source :

....
....
....

Application :

....
....
....
....
....
....
....
....
....
....
....
....
....
....
....

Remarques :

....
....
....
....
....
....
....
....
....
....
....
....
....
....
....

Mots et signification :

....
....
....
....
....
....
....
....
....
....
....
....
....
....
....
....
....
....
....
....
....
....
....
....
....
....
....
....
....
....

Date : ....

بسم الله الرحمن الرحيم

❧ Verset ~ El ayah ❧

Juz : ....

Surah : ....

N du Verset : ....

Progrés

Étudié ☐

Mémorisé ☐

Révisé ☐

Verset :

....
....
....
....
....
....
....
....

Contexte (Tafsir) :

....
....
....
....
....
....
....
....
....
....

Source :

....
....
....

Application :

....
....
....
....
....
....
....
....
....
....
....
....
....
....
....

Remarques :

....
....
....
....
....
....
....
....
....
....
....
....
....

Mots et signification :

....
....
....
....
....
....
....
....
....
....
....
....
....
....
....
....
....
....
....
....
....
....
....
....
....
....
....
....

Date : ....

بسم الله الرحمن الرحيم

❦ Verset ~ El ayah ❧

Juz : ....

Surah : ....

N du Verset : ....

Progrés

Étudié ☐

Mémorisé ☐

Révisé ☐

Verset :

....
....
....
....
....
....
....
....

Contexte (Tafsir) :

....
....
....
....
....
....
....
....
....
....

Source :

....
....
....

Application :

....
....
....
....
....
....
....
....
....
....
....
....
....
....

Remarques :

....
....
....
....
....
....
....
....
....
....
....
....
....
....

Mots et signification :

....
....
....
....
....
....
....
....
....
....
....
....
....
....
....
....
....
....
....
....
....
....
....
....
....
....
....
....

Date : ....

بسم الله الرحمن الرحيم

❦ *Verset ~ El ayah* ❦

Juz : ....

Surah : ....

N du Verset : ....

Progrés

Étudié ☐

Mémorisé ☐

Révisé ☐

Verset :

....
....
....
....
....
....
....
....

Contexte (Tafsir) :

....
....
....
....
....
....
....
....
....

Source :

....
....
....

Application :

....
....
....
....
....
....
....
....
....
....
....
....
....
....

Remarques :

....
....
....
....
....
....
....
....
....
....
....
....
....
....

Mots et signification :

....
....
....
....
....
....
....
....
....
....
....
....
....
....
....
....
....
....
....
....
....
....
....
....
....
....
....
....
....

Date : ....

بسم الله الرحمن الرحيم

❦ *Verset ~ El ayah* ❧

Juz : ....

Surah : ....

N du Verset : ....

Progrés

Étudié ☐

Mémorisé ☐

Révisé ☐

Verset :

....
....
....
....
....
....
....
....

Contexte (Tafsir) :

....
....
....
....
....
....
....
....
....
....

Source :

....
....
....

Application :

....

....

....

....

....

....

....

....

....

....

....

....

....

....

Mots et signification :

....

....

....

....

....

....

....

....

....

....

....

....

....

....

....

....

....

....

....

....

....

....

....

....

Remarques :

....

....

....

....

....

....

....

....

....

....

....

....

....

....

....

Date : ....

بسم الله الرحمن الرحيم

❧ *Verset ~ El ayah* ❧

Juz : ....

Surah : ....

N du Verset : ....

Progrés

Étudié ☐

Mémorisé ☐

Révisé ☐

Verset :

....
....
....
....
....
....
....
....

Contexte (Tafsir) :

....
....
....
....
....
....
....
....
....

Source :

....
....
....

Application :

....
....
....
....
....
....
....
....
....
....
....
....
....
....
....

Remarques :

....
....
....
....
....
....
....
....
....
....
....
....
....
....

Mots et signification :

....
....
....
....
....
....
....
....
....
....
....
....
....
....
....
....
....
....
....
....
....
....
....
....
....
....
....
....
....

Date : ....

بسم الله الرحمن الرحيم

❴ Verset ~ El ayah ❵

Juz : ....

Surah : ....

N du Verset : ....

Progrés

Étudié ☐

Mémorisé ☐

Révisé ☐

Verset :

....
....
....
....
....
....
....
....

Contexte (Tafsir) :

....
....
....
....
....
....
....
....
....
....

Source :

....
....
....

Application :

....
....
....
....
....
....
....
....
....
....
....
....
....

Remarques :

....
....
....
....
....
....
....
....
....
....
....
....

Mots et signification :

....
....
....
....
....
....
....
....
....
....
....
....
....
....
....
....
....
....
....
....
....
....
....
....
....
....

بسم الله الرحمن الرحيم

Date : ....

❧ *Verset ~ El ayah* ❧

Juz : ....

Surah : ....

N du Verset : ....

Progrés

Étudié ☐

Mémorisé ☐

Révisé ☐

Verset :

....
....
....
....
....
....
....
....

Contexte (Tafsir) :

....
....
....
....
....
....
....
....
....
....

Source :

....
....
....

Application :

....
....
....
....
....
....
....
....
....
....
....
....
....
....
....

Remarques :

....
....
....
....
....
....
....
....
....
....
....
....

Mots et signification :

....
....
....
....
....
....
....
....
....
....
....
....
....
....
....
....
....
....
....
....
....
....
....
....
....
....

Date : ....

بسم الله الرحمن الرحيم

❧ Verset ~ El ayah ❧

Juz : ....

Surah : ....

N du Verset : ....

Progrés

Étudié ☐

Mémorisé ☐

Révisé ☐

Verset :

....
....
....
....
....
....
....
....

Contexte (Tafsir) :

....
....
....
....
....
....
....
....
....

Source :

....
....
....

Application :

....
....
....
....
....
....
....
....
....
....
....
....
....
....

Remarques :

....
....
....
....
....
....
....
....
....
....
....
....
....
....

Mots et signification :

....
....
....
....
....
....
....
....
....
....
....
....
....
....
....
....
....
....
....
....
....
....
....
....
....
....
....

Date : ....

بسم الله الرحمن الرحيم

❧ Verset ~ El ayah ❧

Juz : ....

Surah : ....

N du Verset : ....

Progrés

Étudié ☐

Mémorisé ☐

Révisé ☐

Verset :

....
....
....
....
....
....
....
....

Contexte (Tafsir) :

....
....
....
....
....
....
....
....
....
....

Source :

....
....
....

Application :

....
....
....
....
....
....
....
....
....
....
....
....
....
....

Remarques :

....
....
....
....
....
....
....
....
....
....
....
....
....
....

Mots et signification :

....
....
....
....
....
....
....
....
....
....
....
....
....
....
....
....
....
....
....
....
....
....
....
....
....
....
....
....

Date : ....

بسم الله الرحمن الرحيم

❴ Verset ~ El ayah ❵

Juz : ....

Surah : ....

N du Verset : ....

Progrés

Étudié ☐

Mémorisé ☐

Révisé ☐

Verset :

....
....
....
....
....
....
....
....

Contexte (Tafsir) :

....
....
....
....
....
....
....
....
....
....

Source :

....
....
....

Application :

....
....
....
....
....
....
....
....
....
....
....
....
....
....

Remarques :

....
....
....
....
....
....
....
....
....
....
....
....
....
....

Mots et signification :

....
....
....
....
....
....
....
....
....
....
....
....
....
....
....
....
....
....
....
....
....
....
....
....
....
....
....
....

Date : ....

بسم الله الرحمن الرحيم

❴ Verset ~ El ayah ❵

Juz : ....

Surah : ....

N du Verset : ....

Progrés

Étudié ☐

Mémorisé ☐

Révisé ☐

Verset :

....
....
....
....
....
....
....
....

Contexte (Tafsir) :

....
....
....
....
....
....
....
....
....
....

Source :

....
....
....

Application :

....
....
....
....
....
....
....
....
....
....
....
....
....
....
....

Mots et signification :

....
....
....
....
....
....
....
....
....
....
....
....
....
....
....
....
....
....
....
....
....
....
....
....

Remarques :

....
....
....
....
....
....
....
....
....
....
....
....
....
....

Date : ....

بسم الله الرحمن الرحيم

❧ Verset ~ El ayah ❧

Juz : ....

Surah : ....

N du Verset : ....

Progrés

Étudié ☐

Mémorisé ☐

Révisé ☐

Verset :

....
....
....
....
....
....
....
....

Contexte (Tafsir) :

....
....
....
....
....
....
....
....
....
....

Source :

....
....
....

Application :

....
....
....
....
....
....
....
....
....
....
....
....
....
....

Remarques :

....
....
....
....
....
....
....
....
....
....
....
....
....
....

Mots et signification :

....
....
....
....
....
....
....
....
....
....
....
....
....
....
....
....
....
....
....
....
....
....
....
....
....
....
....
....
....

Date : ....

بسم الله الرحمن الرحيم

❧ *Verset ~ El ayah* ❧

Juz : ....

Surah : ....

N du Verset : ....

Progrés

Étudié ☐

Mémorisé ☐

Révisé ☐

Verset :

....
....
....
....
....
....
....
....

Contexte (Tafsir) :

....
....
....
....
....
....
....
....
....
....

Source :

....
....
....

Application :

··
··
··
··
··
··
··
··
··
··
··
··
··
··

Mots et signification :

··
··
··
··
··
··
··
··
··
··
··
··
··
··
··
··
··
··
··
··
··

Remarques :

··
··
··
··
··
··
··
··
··
··
··
··
··
··

Date : ....

بسم الله الرحمن الرحيم

❧ *Verset ~ El ayah* ❧

Juz : ....

Surah : ....

N du Verset : ....

Progrés

Étudié ☐

Mémorisé ☐

Révisé ☐

Verset :

....
....
....
....
....
....
....
....

Contexte (Tafsir) :

....
....
....
....
....
....
....
....
....
....

Source :

....
....
....

Application :

....
....
....
....
....
....
....
....
....
....
....
....
....
....

Remarques :

....
....
....
....
....
....
....
....
....
....
....
....
....
....

Mots et signification :

....
....
....
....
....
....
....
....
....
....
....
....
....
....
....
....
....
....
....
....
....
....
....
....
....
....

Date : ....

❧ Verset ~ El ayah ❧

Juz : ....

Surah : ....

N du Verset : ....

Progrés

Étudié ☐

Mémorisé ☐

Révisé ☐

Verset :

....
....
....
....
....
....
....
....

Contexte (Tafsir) :

....
....
....
....
....
....
....
....
....
....

Source :

....
....
....

Application :

....
....
....
....
....
....
....
....
....
....
....
....
....
....
....

Remarques :

....
....
....
....
....
....
....
....
....
....
....
....
....
....
....
....

Mots et signification :

....
....
....
....
....
....
....
....
....
....
....
....
....
....
....
....
....
....
....
....
....
....
....
....
....
....

Date : ....

❃{ Verset ~ El ayah }❃

Juz : ....

Surah : ....

N du Verset : ....

Progrés

Étudié ☐

Mémorisé ☐

Révisé ☐

Verset :

....
....
....
....
....
....
....
....

Contexte (Tafsir) :

....
....
....
....
....
....
....
....
....
....

Source :

....
....
....

Application :

....
....
....
....
....
....
....
....
....
....
....
....
....
....

Remarques :

....
....
....
....
....
....
....
....
....
....
....
....
....
....

Mots et signification :

....
....
....
....
....
....
....
....
....
....
....
....
....
....
....
....
....
....
....
....
....
....
....
....
....
....
....
....

Date : ....

بسم الله الرحمن الرحيم

❴ *Verset ~ El ayah* ❵

Juz : ....

Surah : ....

N du Verset : ....

Progrés

Étudié ☐

Mémorisé ☐

Révisé ☐

Verset :

....
....
....
....
....
....
....
....

Contexte (Tafsir) :

....
....
....
....
....
....
....
....
....

Source :

....
....
....

Application :

....
....
....
....
....
....
....
....
....
....
....
....
....
....

Mots et signification :

....
....
....
....
....
....
....
....
....
....
....
....
....
....
....
....
....
....
....
....
....
....
....
....
....
....
....
....

Remarques :

....
....
....
....
....
....
....
....
....
....
....
....
....
....

Date : ....

بسم الله الرحمن الرحيم

❴ *Verset ~ El ayah* ❵

Juz : ....

Surah : ....

N du Verset : ....

Progrés

Étudié ☐

Mémorisé ☐

Révisé ☐

Verset :

....
....
....
....
....
....
....
....

Contexte (Tafsir) :

....
....
....
....
....
....
....
....
....
....

Source :

....
....
....

Application :

....
....
....
....
....
....
....
....
....
....
....
....
....

Remarques :

....
....
....
....
....
....
....
....
....
....
....
....
....

Mots et signification :

....
....
....
....
....
....
....
....
....
....
....
....
....
....
....
....
....
....
....
....
....
....
....

Date : ....

بسم الله الرحمن الرحيم

❧ Verset ~ El ayah ❧

Juz : ....

Surah : ....

N du Verset : ....

Progrés

Étudié ☐

Mémorisé ☐

Révisé ☐

Verset :

....
....
....
....
....
....
....
....

Contexte (Tafsir) :

....
....
....
....
....
....
....
....
....

Source :

....
....
....

Application :

....
....
....
....
....
....
....
....
....
....
....
....
....
....
....
....

Remarques :

....
....
....
....
....
....
....
....
....
....
....
....
....
....

Mots et signification :

....
....
....
....
....
....
....
....
....
....
....
....
....
....
....
....
....
....
....
....
....
....
....
....
....
....
....
....
....
....

Date : ....

بسم الله الرحمن الرحيم

❦ *Verset ~ El ayah* ❦

Juz : ....

Surah : ....

N du Verset : ....

Progrés

Étudié ☐

Mémorisé ☐

Révisé ☐

Verset :

....
....
....
....
....
....
....
....

Contexte (Tafsir) :

....
....
....
....
....
....
....
....
....
....

Source :

....
....
....

Application :

....
....
....
....
....
....
....
....
....
....
....
....
....
....

Remarques :

....
....
....
....
....
....
....
....
....
....
....
....
....
....

Mots et signification :

....
....
....
....
....
....
....
....
....
....
....
....
....
....
....
....
....
....
....
....
....
....
....
....
....
....
....
....

Date : ....

بسم الله الرحمن الرحيم

❴ Verset ~ El ayah ❵

Juz : ....

Surah : ....

N du Verset : ....

Progrés

Étudié ☐

Mémorisé ☐

Révisé ☐

Verset :

....
....
....
....
....
....
....
....

Contexte (Tafsir) :

....
....
....
....
....
....
....
....
....
....

Source :

....
....
....

Application :

....
....
....
....
....
....
....
....
....
....
....
....
....
....

Remarques :

....
....
....
....
....
....
....
....
....
....
....
....
....
....
....

Mots et signification :

....
....
....
....
....
....
....
....
....
....
....
....
....
....
....
....
....
....
....
....
....
....
....
....
....
....
....
....
....

Date : ....

بسم الله الرحمن الرحيم

❦ Verset ~ El ayah ❦

Juz : ....

Surah : ....

N du Verset : ....

Progrés

Étudié ☐

Mémorisé ☐

Révisé ☐

Verset :

....
....
....
....
....
....
....
....

Contexte (Tafsir) :

....
....
....
....
....
....
....
....
....

Source :

....
....
....

Application :

....
....
....
....
....
....
....
....
....
....
....
....
....
....
....

Remarques :

....
....
....
....
....
....
....
....
....
....
....
....
....
....

Mots et signification :

....
....
....
....
....
....
....
....
....
....
....
....
....
....
....
....
....
....
....
....
....
....
....
....
....
....
....
....
....

Date : ....

بسم الله الرحمن الرحيم

❦ *Verset ~ El ayah* ❧

Juz : ....

Surah : ....

N du Verset : ....

Progrés

Étudié ☐

Mémorisé ☐

Révisé ☐

Verset :

....
....
....
....
....
....
....
....

Contexte (Tafsir) :

....
....
....
....
....
....
....
....
....
....

Source :

....
....
....

Application :

....
....
....
....
....
....
....
....
....
....
....
....
....
....

Remarques :

....
....
....
....
....
....
....
....
....
....
....
....
....
....
....

Mots et signification :

....
....
....
....
....
....
....
....
....
....
....
....
....
....
....
....
....
....
....
....
....
....
....
....
....
....
....
....

Date : ....

بسم الله الرحمن الرحيم

❴ Verset ~ El ayah ❵

Juz : ....

Surah : ....

N du Verset : ....

Progrés

Étudié ☐

Mémorisé ☐

Révisé ☐

Verset :

....
....
....
....
....
....
....
....

Contexte (Tafsir) :

....
....
....
....
....
....
....
....
....
....

Source :

....
....
....

Application :

....
....
....
....
....
....
....
....
....
....
....
....
....
....

Remarques :

....
....
....
....
....
....
....
....
....
....
....
....
....
....
....

Mots et signification :

....
....
....
....
....
....
....
....
....
....
....
....
....
....
....
....
....
....
....
....
....
....
....
....
....
....
....
....

بسم الله الرحمن الرحيم

Date : ....

❦ *Verset ~ El ayah* ❧

Juz : ....

Surah : ....

N du Verset : ....

Progrés

Étudié ☐

Mémorisé ☐

Révisé ☐

Verset :

....
....
....
....
....
....
....
....

Contexte (Tafsir) :

....
....
....
....
....
....
....
....
....
....

Source :

....
....
....

Application :

....
....
....
....
....
....
....
....
....
....
....
....
....
....

Remarques :

....
....
....
....
....
....
....
....
....
....
....
....
....
....

Mots et signification :

....
....
....
....
....
....
....
....
....
....
....
....
....
....
....
....
....
....
....
....
....
....
....
....
....
....
....
....
....

Date : ....

بسم الله الرحمن الرحيم

❧ *Verset ~ El ayah* ❧

Juz : ....

Surah : ....

N du Verset : ....

Progrés

Étudié ☐

Mémorisé ☐

Révisé ☐

Verset :

....
....
....
....
....
....
....
....

Contexte (Tafsir) :

....
....
....
....
....
....
....
....
....
....

Source :

....
....
....

Application :

....
....
....
....
....
....
....
....
....
....
....
....
....
....

Remarques :

....
....
....
....
....
....
....
....
....
....
....
....
....
....

Mots et signification :

....
....
....
....
....
....
....
....
....
....
....
....
....
....
....
....
....
....
....
....
....
....
....
....
....
....
....
....
....

Date : ....

بسم الله الرحمن الرحيم

❴ Verset ~ El ayah ❵

Juz : ....

Surah : ....

N du Verset : ....

Progrés

Étudié ☐

Mémorisé ☐

Révisé ☐

Verset :

....

....

....

....

....

....

....

....

Contexte (Tafsir) :

....

....

....

....

....

....

....

....

....

....

Source :

....

....

....

Application :

....
....
....
....
....
....
....
....
....
....
....
....
....
....

Remarques :

....
....
....
....
....
....
....
....
....
....
....
....
....
....

Mots et signification :

....
....
....
....
....
....
....
....
....
....
....
....
....
....
....
....
....
....
....
....
....
....
....
....
....
....
....
....

Date : ....

بسم الله الرحمن الرحيم

❧ Verset ~ El ayah ❧

Juz : ....

Surah : ....

N du Verset : ....

Progrés

Étudié ☐

Mémorisé ☐

Révisé ☐

Verset :

....
....
....
....
....
....
....
....

Contexte (Tafsir) :

....
....
....
....
....
....
....
....
....
....

Source :

....
....
....

Application :

....
....
....
....
....
....
....
....
....
....
....
....
....
....
....

Remarques :

....
....
....
....
....
....
....
....
....
....
....
....
....
....
....

Mots et signification :

....
....
....
....
....
....
....
....
....
....
....
....
....
....
....
....
....
....
....
....
....
....
....
....
....
....
....
....
....
....
....

Date : ....

بسم الله الرحمن الرحيم

❴ Verset ~ El ayah ❵

Juz : ....

Surah : ....

N du Verset : ....

Progrés

Étudié ☐

Mémorisé ☐

Révisé ☐

Verset :

....
....
....
....
....
....
....
....

Contexte (Tafsir) :

....
....
....
....
....
....
....
....
....
....

Source :

....
....
....

Application :

....
....
....
....
....
....
....
....
....
....
....
....
....
....

Remarques :

....
....
....
....
....
....
....
....
....
....
....
....
....

Mots et signification :

....
....
....
....
....
....
....
....
....
....
....
....
....
....
....
....
....
....
....
....
....
....
....
....
....
....
....

Date : ....

بسم الله الرحمن الرحيم

❴ Verset ~ El ayah ❵

Juz : ....

Surah : ....

N du Verset : ....

Progrés

Étudié ☐

Mémorisé ☐

Révisé ☐

Verset :

....
....
....
....
....
....
....

Contexte (Tafsir) :

....
....
....
....
....
....
....
....
....

Source :

....
....
....

Application :

....
....
....
....
....
....
....
....
....
....
....
....
....
....

Remarques :

....
....
....
....
....
....
....
....
....
....
....
....
....

Mots et signification :

....
....
....
....
....
....
....
....
....
....
....
....
....
....
....
....
....
....
....
....
....
....
....
....

Date : ....

بسم الله الرحمن الرحيم

❴ *Verset ~ El ayah* ❵

Juz : ....

Surah : ....

N du Verset : ....

Progrés

Étudié ☐

Mémorisé ☐

Révisé ☐

Verset :

....
....
....
....
....
....
....
....

Contexte (Tafsir) :

....
....
....
....
....
....
....
....
....
....

Source :

....
....
....

Application :

....
....
....
....
....
....
....
....
....
....
....
....
....

Remarques :

....
....
....
....
....
....
....
....
....
....
....
....
....
....

Mots et signification :

....
....
....
....
....
....
....
....
....
....
....
....
....
....
....
....
....
....
....
....
....
....
....
....
....
....
....
....

Date : ....

بسم الله الرحمن الرحيم

❦ Verset ~ El ayah ❦

Juz : ....

Surah : ....

N du Verset : ....

Progrés

Étudié ☐

Mémorisé ☐

Révisé ☐

Verset :

....
....
....
....
....
....
....
....

Contexte (Tafsir) :

....
....
....
....
....
....
....
....
....

Source :

....
....
....

Application :

....
....
....
....
....
....
....
....
....
....
....
....
....
....
....

Remarques :

....
....
....
....
....
....
....
....
....
....
....
....
....
....
....

Mots et signification :

....
....
....
....
....
....
....
....
....
....
....
....
....
....
....
....
....
....
....
....
....
....
....
....
....
....

Date : ....

بسم الله الرحمن الرحيم

❴ *Verset ~ El ayah* ❵

Juz : ....

Surah : ....

N du Verset : ....

Progrés

Étudié ☐

Mémorisé ☐

Révisé ☐

Verset :

....
....
....
....
....
....
....
....

Contexte (Tafsir) :

....
....
....
....
....
....
....
....
....

Source :

....
....
....

Application :

....
....
....
....
....
....
....
....
....
....
....
....
....
....

Remarques :

....
....
....
....
....
....
....
....
....
....
....
....
....
....

Mots et signification :

....
....
....
....
....
....
....
....
....
....
....
....
....
....
....
....
....
....
....
....
....
....
....
....
....
....
....
....

Date : ....

بسم الله الرحمن الرحيم

❧ *Verset ~ El ayah* ❧

Juz : ....

Surah : ....

N du Verset : ....

Progrés

Étudié ☐

Mémorisé ☐

Révisé ☐

Verset :

....
....
....
....
....
....
....
....

Contexte (Tafsir) :

....
....
....
....
....
....
....
....
....
....

Source :

....
....
....

Application :

....
....
....
....
....
....
....
....
....
....
....
....
....
....

Remarques :

....
....
....
....
....
....
....
....
....
....
....
....
....
....
....

Mots et signification :

....
....
....
....
....
....
....
....
....
....
....
....
....
....
....
....
....
....
....
....
....
....
....
....
....
....
....
....
....

بسم الله الرحمن الرحيم

Date : ....

❴ *Verset ~ El ayah* ❵

Juz : ....

Surah : ....

N du Verset : ....

Progrés

Étudié ☐

Mémorisé ☐

Révisé ☐

Verset :

....
....
....
....
....
....
....
....

Contexte (Tafsir) :

....
....
....
....
....
....
....
....
....
....

Source :

....
....
....

Application :

....
....
....
....
....
....
....
....
....
....
....
....
....
....

Mots et signification :

....
....
....
....
....
....
....
....
....
....
....
....
....
....
....
....
....
....
....
....
....

Remarques :

....
....
....
....
....
....
....
....
....
....
....
....
....
....

Date : ....

بسم الله الرحمن الرحيم

❧ Verset ~ El ayah ❧

Juz : ....

Surah : ....

N du Verset : ....

Progrés

Étudié ☐

Mémorisé ☐

Révisé ☐

Verset :

....
....
....
....
....
....
....

Contexte (Tafsir) :

....
....
....
....
....
....
....
....
....

Source :

....
....
....

Application :

....
....
....
....
....
....
....
....
....
....
....
....
....
....

Remarques :

....
....
....
....
....
....
....
....
....
....
....
....
....
....
....
....
....

Mots et signification :

....
....
....
....
....
....
....
....
....
....
....
....
....
....
....
....
....
....
....
....
....
....
....
....
....
....
....
....
....
....
....

Date : ....

بسم الله الرحمن الرحيم

❲ Verset ~ El ayah ❳

Juz : ....

Surah : ....

N du Verset : ....

Progrés

Étudié ☐

Mémorisé ☐

Révisé ☐

Verset :

....
....
....
....
....
....
....
....

Contexte (Tafsir) :

....
....
....
....
....
....
....
....
....
....

Source :

....
....
....

Application :

....
....
....
....
....
....
....
....
....
....
....
....
....
....
....
....

Remarques :

....
....
....
....
....
....
....
....
....
....
....
....
....
....
....

Mots et signification :

....
....
....
....
....
....
....
....
....
....
....
....
....
....
....
....
....
....
....
....
....
....
....
....
....
....
....
....
....
....
....

Date : ....

بسم الله الرحمن الرحيم

❴ Verset ~ El ayah ❵

Juz : ....

Surah : ....

N du Verset : ....

Progrés

Étudié ☐

Mémorisé ☐

Révisé ☐

Verset :
....
....
....
....
....
....
....

Contexte (Tafsir) :
....
....
....
....
....
....
....
....
....

Source :
....
....
....

Application :

....
....
....
....
....
....
....
....
....
....
....
....
....
....

Remarques :

....
....
....
....
....
....
....
....
....
....
....
....
....
....
....

Mots et signification :

....
....
....
....
....
....
....
....
....
....
....
....
....
....
....
....
....
....
....
....
....
....
....
....
....
....
....
....

بسم الله الرحمن الرحيم

Date : ....

❧ *Verset ~ El ayah* ❧

Juz : ....

Surah : ....

N du Verset : ....

Progrès

Étudié ☐

Mémorisé ☐

Révisé ☐

Verset :

....
....
....
....
....
....
....
....

Contexte (Tafsir) :

....
....
....
....
....
....
....
....
....
....

Source :

....
....
....

Application :

....
....
....
....
....
....
....
....
....
....
....
....
....

Mots et signification :

....
....
....
....
....
....
....
....
....
....
....
....
....
....
....
....
....
....
....
....
....
....

Remarques :

....
....
....
....
....
....
....
....
....
....
....
....
....
....

Date : ....

بسم الله الرحمن الرحيم

❰ *Verset ~ El ayah* ❱

Juz : ....

Surah : ....

N du Verset : ....

Progrés

Étudié ☐

Mémorisé ☐

Révisé ☐

Verset :

....
....
....
....
....
....
....
....

Contexte (Tafsir) :

....
....
....
....
....
....
....
....
....
....

Source :

....
....
....

Application :

....
....
....
....
....
....
....
....
....
....
....
....
....
....

Mots et signification :

....
....
....
....
....
....
....
....
....
....
....
....
....
....
....
....
....
....
....
....
....
....
....
....
....
....
....

Remarques :

....
....
....
....
....
....
....
....
....
....
....
....
....
....

Date : ....

بسم الله الرحمن الرحيم

❴ *Verset ~ El ayah* ❵

Juz : ....

Surah : ....

N du Verset : ....

Progrés

Étudié ☐

Mémorisé ☐

Révisé ☐

Verset :

....
....
....
....
....
....
....
....

Contexte (Tafsir) :

....
....
....
....
....
....
....
....
....

Source :

....
....
....

Application :

....
....
....
....
....
....
....
....
....
....
....
....
....
....

Remarques :

....
....
....
....
....
....
....
....
....
....
....
....
....

Mots et signification :

....
....
....
....
....
....
....
....
....
....
....
....
....
....
....
....
....
....
....
....
....
....
....
....
....

Date : ....

بسم الله الرحمن الرحيم

❧ Verset ~ El ayah ❧

Juz : ....

Surah : ....

N du Verset : ....

Progrés

Étudié ☐

Mémorisé ☐

Révisé ☐

Verset :

....
....
....
....
....
....
....
....

Contexte (Tafsir) :

....
....
....
....
....
....
....
....
....
....

Source :

....
....
....

Application :

....
....
....
....
....
....
....
....
....
....
....
....
....
....

Remarques :

....
....
....
....
....
....
....
....
....
....
....
....
....
....
....

Mots et signification :

....
....
....
....
....
....
....
....
....
....
....
....
....
....
....
....
....
....
....
....
....
....
....

Date : ....

بسم الله الرحمن الرحيم

❧ Verset ~ El ayah ❧

Juz : ....

Surah : ....

N du Verset : ....

Progrés

Étudié ☐

Mémorisé ☐

Révisé ☐

Verset :

....
....
....
....
....
....
....
....

Contexte (Tafsir) :

....
....
....
....
....
....
....
....
....
....

Source :

....
....
....

Application :

....
....
....
....
....
....
....
....
....
....
....
....
....
....

Remarques :

....
....
....
....
....
....
....
....
....
....
....
....
....
....
....

Mots et signification :

....
....
....
....
....
....
....
....
....
....
....
....
....
....
....
....
....
....
....
....
....
....
....
....
....
....
....
....
....

Date : ....

بسم الله الرحمن الرحيم

❧ Verset ~ El ayah ❧

Juz : ....

Surah : ....

N du Verset : ....

Progrés

Étudié ☐

Mémorisé ☐

Révisé ☐

Verset :

....
....
....
....
....
....
....
....

Contexte (Tafsir) :

....
....
....
....
....
....
....
....
....
....

Source :

....
....
....

Application :

....
....
....
....
....
....
....
....
....
....
....
....
....
....

Remarques :

....
....
....
....
....
....
....
....
....
....
....
....
....
....

Mots et signification :

....
....
....
....
....
....
....
....
....
....
....
....
....
....
....
....
....
....
....
....
....
....
....
....
....
....
....
....
....

Date : ....

❧ Verset ~ El ayah ❧

Juz : ....

Surah : ....

N du Verset : ....

Progrés

Étudié ☐

Mémorisé ☐

Révisé ☐

Verset :

....
....
....
....
....
....
....
....

Contexte (Tafsir) :

....
....
....
....
....
....
....
....
....
....

Source :

....
....
....

Application :

....
....
....
....
....
....
....
....
....
....
....
....
....
....

Remarques :

....
....
....
....
....
....
....
....
....
....
....
....
....

Mots et signification :

....
....
....
....
....
....
....
....
....
....
....
....
....
....
....
....
....
....
....
....
....
....
....
....
....
....

Date : ....

بسم الله الرحمن الرحيم

❧ Verset ~ El ayah ❧

Juz : ....

Surah : ....

N du Verset : ....

Progrés

Étudié ☐

Mémorisé ☐

Révisé ☐

Verset :

....
....
....
....
....
....
....

Contexte (Tafsir) :

....
....
....
....
....
....
....
....
....
....

Source :

....
....
....

Application :

....
....
....
....
....
....
....
....
....
....
....
....
....
....

Remarques :

....
....
....
....
....
....
....
....
....
....
....
....
....
....
....

Mots et signification :

....
....
....
....
....
....
....
....
....
....
....
....
....
....
....
....
....
....
....
....
....
....
....
....
....
....
....
....
....

Date : ....

بسم الله الرحمن الرحيم

❦ *Verset ~ El ayah* ❧

Juz : ....

Surah : ....

N du Verset : ....

Progrés

Étudié ☐

Mémorisé ☐

Révisé ☐

Verset :

....

....

....

....

....

....

....

Contexte (Tafsir) :

....

....

....

....

....

....

....

....

Source :

....

....

....

Application :

....
....
....
....
....
....
....
....
....
....
....
....
....
....

Remarques :

....
....
....
....
....
....
....
....
....
....
....
....
....
....
....
....

Mots et signification :

....
....
....
....
....
....
....
....
....
....
....
....
....
....
....
....
....
....
....
....
....
....
....
....
....
....

Date : ....

بسم الله الرحمن الرحيم

❧ *Verset ~ El ayah* ❧

Juz : ....

Surah : ....

N du Verset : ....

Progrés

Étudié ☐

Mémorisé ☐

Révisé ☐

Verset :

....
....
....
....
....
....
....
....

Contexte (Tafsir) :

....
....
....
....
....
....
....
....
....

Source :

....
....
....

Application :

Mots et signification :

Remarques :

Date : ....

بسم الله الرحمن الرحيم

❧ *Verset ~ El ayah* ❧

Juz : ....

Surah : ....

N du Verset : ....

Progrés

Étudié ☐

Mémorisé ☐

Révisé ☐

Verset :

....
....
....
....
....
....
....
....

Contexte (Tafsir) :

....
....
....
....
....
....
....
....
....
....

Source :

....
....
....

Application :

....
....
....
....
....
....
....
....
....
....
....
....
....
....

Mots et signification :

....
....
....
....
....
....
....
....
....
....
....
....
....
....
....
....
....
....
....
....
....
....

Remarques :

....
....
....
....
....
....
....
....
....
....
....
....
....

Date : ....

بسم الله الرحمن الرحيم

❧ Verset ~ El ayah ❧

Juz : ....

Surah : ....

N du Verset : ....

Progrés

Étudié ☐

Mémorisé ☐

Révisé ☐

Verset :

....
....
....
....
....
....
....
....

Contexte (Tafsir) :

....
....
....
....
....
....
....
....
....

Source :

....
....
....

Application :

....
....
....
....
....
....
....
....
....
....
....
....
....
....

Remarques :

....
....
....
....
....
....
....
....
....
....
....
....
....
....

Mots et signification :

....
....
....
....
....
....
....
....
....
....
....
....
....
....
....
....
....
....
....
....
....
....
....
....
....
....
....

Date : ....

بسم الله الرحمن الرحيم

❧ *Verset ~ El ayah* ❧

Juz : ....

Surah : ....

N du Verset : ....

Progrés

Étudié ☐

Mémorisé ☐

Révisé ☐

Verset :

....
....
....
....
....
....
....
....

Contexte (Tafsir) :

....
....
....
....
....
....
....
....
....
....

Source :

....
....
....

Application :

....
....
....
....
....
....
....
....
....
....
....
....
....
....

Mots et signification :

....
....
....
....
....
....
....
....
....
....
....
....
....
....
....
....
....
....
....
....
....
....
....

Remarques :

....
....
....
....
....
....
....
....
....
....
....
....
....
....

Date : ....

بسم الله الرحمن الرحيم

❦ Verset ~ El ayah ❦

Juz : ....

Surah : ....

N du Verset : ....

Progrés

Étudié ☐

Mémorisé ☐

Révisé ☐

Verset :

....
....
....
....
....
....
....
....

Contexte (Tafsir) :

....
....
....
....
....
....
....
....
....
....

Source :

....
....
....

Application :

....
....
....
....
....
....
....
....
....
....
....
....
....
....

Mots et signification :

....
....
....
....
....
....
....
....
....
....
....
....
....
....
....
....
....
....
....
....
....
....
....
....

Remarques :

....
....
....
....
....
....
....
....
....
....
....
....
....
....
....

Printed in Poland
by Amazon Fulfillment
Poland Sp. z o.o., Wrocław

26005702R00103